ショコラティエみたいにできる
魔法のボンボン・ショコラレシピ

熊谷裕子

河出書房新社

Prologue

　憧れのショコラトリーに美しく並ぶ、さまざまなボンボン・ショコラたち。「自分にも、こんなショコラティエみたいなチョコレートが作れたら素敵!」と、想い描いてみたことはありませんか?

　お教室でもチョコレートのレッスンは、私が驚いてしまうほどの人気です。お菓子作りが好きな方のチョコレートを作りたいと思う気持ちが、年々高まってきていることを実感しています。

　そこで、生徒さんに好評のレシピをさらにわかりやすくし、おうちのキッチンで、どなたでも気軽に作れるようなレシピを考案しました。

　材料は少量のチョコレートで、道具も電子レンジとドライヤーさえあればあとは特別なものは必要ない方法を、写真で詳しく紹介しています。

　基本の作り方をきっちりマスターし、コツさえ覚えればかんたん。あとはあなたのセンス次第です。

　「買ってきたの?」と言われるようなボンボン・ショコラは夢ではありません。ぜひ、今日からチャレンジしてください。

　　　　　　　　　　　　　　　　　　　　　　　　　熊谷裕子

Parti Au Chocolat

ショコラ パーティー

午後のティータイムには、お友だちを招いて
アフタヌーン・ショコラ パーティーはいかがですか？
サクサクのロリポップやカラフルな型抜きショコラは手作りならでは。
甘いショコラとおしゃべりで、時がたつのも忘れそう。
手作りショコラで、ワンランク上のおもてなしをしてみては。

Nuit Au Chocolat

魅惑のマリアージュ

さまざまなカカオの味が楽しめるチョコレートは、
お酒との相性も抜群。
静かな夜、大人だけの時間には、ビターなボンボン・ムーレや
ナッツの入ったタブレットはいかがでしょう。
ワインやウイスキー、日本酒などにもよく合います。
あなただけのマリアージュを探してみませんか？

CONTENTS

02 Prologue
04 ショコラ パーティー
06 魅惑のマリアージュ

BASE
ショコラ作りの基本「テンパリングとは？」

12 湯せん・温度計なし！
電子レンジとドライヤーでできる
チョコレートのテンパリング
18 ホワイトチョコレート・
ミルクチョコレートの場合
19 作業後、
残ったチョコレートをどうする？
20 テンパリングQ&A

CHAPTER 1
固めるだけの型抜きショコラ

LESSON 1
ショコラ・ミニョン
25 エッフェル塔
27 カメオ、フラワー

LESSON 2
メダイユ・ショコラ
28 マーブル
30 デイジー
31 ライン

LESSON 3
タブレット・セゾン
32 タブレット・フィグ

LESSON 4
パフ・ショコラ
34 ロリポップ・ラパン、ローズ

EXTRA EDITION
トリュフ
36　ストロベリー
38　カフェキャラメル
39　グランマルニエ

CHAPTER 2
ガナッシュをコーティングして仕上げるショコラ

LESSON 5
基本のガナッシュ・コーティングのショコラ
43　カルバドス

LESSON 6
プラリネ・オレのショコラ
48　プラリネ・オレ

LESSON 7
抹茶のショコラ
50　抹茶

CHAPTER 3
ガナッシュやフィリングを詰めた型抜きショコラ

LESSON 8
ガナッシュを詰めた基本の型抜きショコラ
55　グランマルニエ

LESSON 9
具入りガナッシュを詰めた単色のショコラ
63　チェリーボンボン
64　オランジュブラン
65　キャラメルシトロン

LESSON 10
2層ガナッシュのマーブル模様ショコラ
67　ラム・レザン

CONTENTS

68　テ・シトロン
69　マロン

LESSON 11
絞りデコレーションのショコラ
71　プラリネ・アマンド
72　ガナッシュ・フィヤンティーヌ
73　プラリネ・ノワゼット

LESSON 12
カラーをつけたショコラ（色素）
75　フレーズ・フランボワーズ
76　キャラモランジュ
77　ピスターシュ・スリーズ

LESSON 13
カラーをつけたショコラ（混合）
79　びいどろ
81　ライチ・フランボワーズ

LESSON 14
和風のショコラ
82　ほうじ茶オレ
84　柚子
85　抹茶

LESSON 15
立体フォルムのショコラ
87　ビジュー
88　ショコラ作りの基本材料
90　チョコレート用油性色素
91　キラキラ デコレーション素材
92　ショコラ作りにそろえたい道具

レシピについて
・電子レンジは500W～700Wを使用。
・加熱時間は目安です。
・砂糖は上白糖を使用。
・生クリームは動物性脂肪分35～36％を使用。
・ガナッシュに使用するチョコレートのカカオ分は守ること。
　コーティング用チョコレートのカカオ分は好みでOK。

FAIRE DU CHOCOLAT
BASE

ショコラ作りの基本
「テンパリングとは？」

ショコラ作りはテンパリングをマスターすることから始まります。テンパリングとは、一度溶かしたチョコレートを元通りのきれいな状態に固める、温度調整の工程のこと。正確に行えば型抜きがしやすく、仕上がりもつややか。口溶けのよい、なめらかなチョコレートが作れます。チョコレートの主成分であるカカオバターは、溶かしたり冷やしたりするとムラができやすいので、テンパリングはそれを防ぐ大切なプロセスでもあります。まずは手順をしっかりと学んで、コツを覚えましょう。

湯せん・温度計なし！
電子レンジとドライヤーでできる
チョコレートのテンパリング

| ボウルに
チョコレートを入れる | 電子レンジで
チョコレートを溶かす | 底からすくって
混ぜる |

01 プラスチック製のボウルにビターチョコレート（またはスイートチョコレート）を入れる。チップ状で市販されているものはそのまま、板チョコは刻んでから使用する。

02 電子レンジのワット数は700W。30秒ほど加熱したら、取り出して混ぜる。最初から長時間加熱するとチョコレートが焦げる恐れがあるので要注意。

POINT
ワット数が小さい、またはチョコレートの量が多いときは少し長めに、ワット数が大きいまたは量が少ないときは短めにし、様子を見ながら調節する。

03 最初は見た目があまり変わらないが、中心の底部分からチョコレートが溶け出すので、ゴムベラで底からすくい上げるように混ぜる。

POINT

底からしっかり混ぜないと真ん中だけ加熱され、チョコレートが焦げて使えなくなるので注意！

湯せんで溶かすことの多いチョコレートのテンパリングですが、ここでは電子レンジとドライヤーを使って溶かす、手軽で画期的な方法をご紹介。チョコレートは蒸気や水分を嫌うので、チョコレートが湿気にあたらなくてすむ分、チョコレートをよい状態に保てるメリットがあります。材料も少量のチョコレートで行えるので経済的。まずは初心者でも扱いやすいビターチョコレート、スイートチョコレートを使って基本工程を、続いて温度と加熱時間に差がある、ホワイトチョコレート、ミルクチョコレートを解説していきます。そのつどていねいに確認しながら進めていけば、温度計なしでも行えます。うまくいく状態の温度目安を「温度：○○℃」と記しておきましたので参考にしてください。

※写真のチョコレートは約500gです。少量でも最低200gから始めましょう。

何度か加熱を繰り返す

04 徐々に加熱時間を短縮しながら、何度か「加熱して混ぜる」を繰り返してチョコレートの固まりをなくし、全体が液状になるまで溶かす。

POINT

液状になったらさらに10秒ほど加熱する。少し温度を上げることで、つややかに固まる。
「温度：43～45℃」

チョコレートを冷やす

05 氷を入れた冷水にボウルごと底をあてる。たまにゴムベラでゆっくりと静かに底、周りから混ぜる。混ぜすぎると気泡が入るので注意。

ざらつきを確認する

06 周りから冷えて固まり始め、全体を混ぜると小さなダマやざらつきが出てくる。この状態になったら冷水から外す。

POINT

とろりと濃度が出ただけでは冷やし足りないこともあるので、ざらつきをしっかり確認してから外す。「温度：24～25℃」

湯せん・温度計なし！
電子レンジとドライヤーでできる
チョコレートのテンパリング

再度電子レンジで加熱する

こまめに確認しながら加熱する

余熱で溶かす

07 チョコレートのダマがなくなるまで温める。温度を上げすぎないように8〜10秒ほどで取り出し、混ぜながら余熱で溶かす。

POINT
ここでも電子レンジのワット数で加熱時間を調節する。少しずつ加熱して目で見て確かめる。

08 ボウルの底でダマをつぶすようにチョコレートを溶かす。混ぜても溶けなくなったら、再びレンジに6〜7秒かけて混ぜる、を繰り返す。

POINT

電子レンジにかけて完全に溶けてしまったら温めすぎ。溶け残りの固まりが残っているくらいでレンジから出し、混ぜて余熱で溶かすのがポイント。

09 徐々に加熱時間を短縮し、8割ほど液状になり、余熱で混ぜてもダマが完全に溶けきらない状態にする。

温度の微調整に便利なドライヤー

電子レンジは熱が強く、途中の状態を見ることができないので温めすぎてしまうこともあります。そこで最後の微調整は、熱が弱めで状態を見ながら温度調節できるドライヤーに切り替えましょう。ただしドライヤーもあてすぎには注意。慣れるまでは少しずつあて、なるべく「余熱」で溶かすようにし、どうしても溶けにくい場合のみ、再度ドライヤーをあてるようにします。

ドライヤーの熱で微調整する

10 ドライヤーの温風をチョコレートの表面から10cmほど離してあてる。ゴムベラで上下をひっくり返すように混ぜながら温風をあてる。

POINT
レンジは熱が強いので、微調整できるドライヤーに切り替える。ただしドライヤーもあてすぎは注意!

ダマをつぶすように混ぜる

11 なるべく余熱を利用して、ダマをつぶすように混ぜて溶かす。どんなに混ぜても溶けなくなったら少しだけドライヤーをあてる。

POINT

慣れるまでは、あてては混ぜる、を繰り返し、あてすぎにならないように気をつけながら溶かしていく。

なめらかになれば完成

12 混ぜてやっとダマがなくなり、全体がなめらかになったところで完成。このあとは必ずテンパリングテストをする。
「温度:30〜31℃」

POINT
「やっと溶けてなくなる」がポイント。混ぜてスッとダマがなくなってしまったときは温めすぎの場合も。

湯せん・温度計なし！
電子レンジとドライヤーでできる
チョコレートのテンパリング

| テンパリング
テストをする | もうひとつの
テスト方法 |

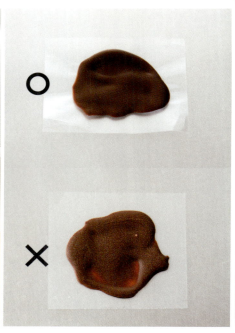

13 テンパリングができているかどうかをテストする。フィルム（セロファンなど）に少しだけチョコレートをつけ、冷蔵庫で冷やし固める。

14 チョコレートは正確にテンパリングできると縮むので、フィルムにヨレができれば成功。はがしてパリッときれいに割れれば完成。

15 パレットナイフの片面にチョコレートをつけ、余分なチョコを落とす。そのまま室温（20度以下）に放置し、ほどなくくもり始め、固まれば成功。

POINT

なめらかに溶けただけではテンパリングが成功しているとは限らないので、必ずテストをする。

POINT

フィルムが縮まない、うまくはがれないなど、もし失敗してしまっても、プロセス04からテンパリングし直せばOK（P20 Q&A参照）。

POINT

いつまでもつやつやとして固まらないときは、テンパリングが失敗している証拠。プロセス04からやり直す（P20 Q&A参照）。

作業中もチョコレートは徐々に固まってくる

正確にテンパリングしたチョコレートはすぐに固まってくるので、作業中にも徐々に全体がもったりしてきたり、ダマが出てきたりします。そのまま作業をするとつやが出ずに気泡が入ったり、コーティングの厚いショコラができてしまうことも。作業中もドライヤーで微調整をし、常によい状態をキープしながら進めましょう。

ショコラ作りの作業中もドライヤーで調節する。

16 固まってきたチョコレートはドライヤーで温風をあてながら混ぜ、やっとダマがなくなり、なめらかになる程度に温め直してから使う。

POINT

ここでも温めすぎるとテンパリングを壊してしまうので注意！ あくまでも余熱で溶かすこと。

なるべくきれいに作業する

17 ボウルの周りやゴムベラのふちに固まってきたところを部分的に溶かすにも、ドライヤーは便利。なるべくきれいに無駄のないように。

POINT

ドライヤーをあてたところは部分的にテンパリングが壊れるので、あてたら必ず混ぜること。

絞り袋の中味を入れ替える

18 絞り袋に入れたチョコレートも徐々に固まってくるので、作業に間があくときは中味をボウルに戻し、混ぜ込んで溶かしてから新しいチョコレートを入れ直す。

ホワイトチョコレート・
ミルクチョコレートの場合

ホワイトチョコレートとミルクチョコレートはカカオ分が少なくミルク分が多く含まれるため、
ビターチョコレートやスイートチョコレートより焦げやすく流動性がありませんが、
テンパリングの方法は基本的に同じです。熱に敏感なので、温めすぎないように注意しましょう。

チョコレートを加熱する

01 写真はホワイトチョコレートだがミルクチョコレートも同様。プラスチック製のボウルにチョコレートを入れ、電子レンジで加熱する。

POINT

スイートやビターチョコレートのときよりも、レンジにかける時間は短くし、こまめにチェックする。

よく混ぜて余熱で溶かす

02 テンパリングの方法はP12〜のビターチョコレートと同じだが、ホワイトやミルクのチョコレートは高温に弱いので、やっと溶けたくらいの温め加減で行う。

POINT

ミルク分を含むため、加熱しすぎると焦げたり流動性がなくなったりするので注意する。
「温度：40〜42℃」

チョコレートを冷やす

03 氷を入れた冷水にボウルごと底をあてる。たまにゴムベラでゆっくりと静かに底、周りから混ぜる。
「温度：23〜24℃」

POINT

ざらつきが出てきたらP14〜を参照し、電子レンジとドライヤーでダマがなくなるところまで溶かす。
「温度：28〜29℃」

作業後、残ったチョコレートをどうする？

チョコレートの保存場所は、室温15度程度で温度変化がなく、乾燥した冷暗所がベスト。
あまり低温にならない冷蔵庫の野菜室などに入れておくとよい。
しっかり密閉して、においがつかないように注意し、なるべく早く使いきりましょう。

オーブンシートに流す

01 テンパリングができた状態のまま、オーブンシートやクッキングペーパーなど、はがしやすい平らなものに流してならす。

POINT

絞り袋に残ったチョコレートも、ボウルに移して一緒に流す。固まっていたらドライヤーで溶かして出す。

そのまま冷やし固める

02 冷蔵庫で冷やし固める。入れっぱなしだと他の食品のにおいがついたり、取り出したときに水気がつくこともあるので、固まったらすぐに取り出す。

適当な大きさに割る

03 チョコレートが固まったら、シートから外して適当な大きさに割り、密閉できる袋などに入れて冷暗所（15度程度）で保管する。

POINT

これで元の状態に戻るので、再度テンパリングしたり、溶かして焼き菓子に混ぜたりして使える。

テンパリング Q&A

Q どうしてテンパリング（温度調節）が必要なの？

A チョコレートは主にカカオバターとカカオマス、砂糖、香料などから作られています。このカカオバターには多種の結晶が含まれ、どれも性質が異なるため同じ温度で溶かしたり冷やしたりするとムラができます。これをテンパリングすることで「一度溶かしたチョコレートを元通りのよい状態に固める」ことができるのです。温めて冷やして温めて、にはそんな意味があります。

Q テンパリングをしないと、どんな失敗をするの？

A チョコレートを溶かしただけでテンパリングをしなかった場合、またはテンパリングが失敗していた場合、型に流して固めてもチョコが縮まないので型からうまく抜けなかったり、脂肪分が浮いて表面が白くザラザラとした食感になり、チョコレート本来のおいしさが味わえません。テンパリングは見た目ではわからないので、必ずテストをしてから作業に進みましょう（P16参照）。

テンパリングのテスト例
左：固まっているので成功
右：固まっていないので失敗

Q テンパリングをするのに作業しやすい量は？

A 本誌では家庭のキッチンでも手軽に作れる方法を紹介しています。多めにテンパリングして準備したほうが作業しやすいのですが、まだショコラ作りに慣れていない場合、大量のチョコレートを扱うのは気が引けてしまいますね。ただ少なすぎると逆に難しいので最低でも200gは用意します。本格ショコラを作る場合は500g以上あるほうが作業もスムーズになります。

Q テンパリングを失敗したら、やり直しはできる？

A テンパリングをしたら必ずテストをし（P16参照）固まらない、縮まない、つやが悪いなど、失敗しているようなら、もう一度やり直します。P13の04、POINTに戻り、溶かしてもう一度さらに温度を上げるところから始めます。ただし温度を上げすぎたり、焦がしてしまったら、ショコラ作りにも他のお菓子作りにも使用できなくなってしまうので、十分注意しましょう。

チョコレート作りには正確なテンパリングが必須。
チョコレートの性質を知り、状態をチェックしながらテンパリングをマスターしましょう。
もし、うまくいかないな、と思ったら、ここでその原因と対策を確認してみましょう。

Q 色々あるチョコレートの種類。ビギナーにはどれが扱いやすい?

A 本誌では温度計に頼らず、状態を見て確認しながらテンパリングをするので、ビター、スイート、ホワイト、ミルク、どのタイプのチョコレートでも同じようにできます。中でも温度による状態変化がはっきりしているビターとスイートがビギナーにはおすすめですが、コツがつかめず不安なときは、温度計を併用するとよいでしょう。目安の温度を参考にしてください。

Q 残ったチョコレートを再利用することはできる?

A チョコレートが大量に残ってしまっても心配はいりません。もちろん再利用できます。テンパリングを壊さないように冷やし固めれば、形は違いますが、買ってきたときと同じ状態に戻ります。P19で紹介しているようによい状態で保存すれば、次の機会にまたテンパリングしてショコラ作りをしたり、ガナッシュを作ったり、他の焼き菓子作りに使用することができます。

Q チョコレートの保存期間はどれくらい? 保存場所は?

A 材料としてのチョコレートはかなり長期間保存可能な素材です。製品の賞味期限に従いましょう。テンパリングして残ったチョコレートも同様です。ただし重要なのは「よい状態での保存」です。理想は温度15度前後、湿度50%以下、光が当たらず温度変化もなく、振動の加わらない場所で保存することですが、家庭では、温度の低すぎない冷蔵庫の野菜室などがおすすめです。

Q ショコラ作りに向く季節、向かない季節は?

A チョコレートは高温・多湿を嫌います。ショコラ作りの理想環境は、室温15〜17度、湿度50%以下。梅雨時期や夏季など温度・湿度が高めの時期はショコラ作りには不向き。無理に頑張っても上手にテンパリングできなかったり、つやのないショコラになったりするので、そんな時期のショコラ作りはお休みにしたほうがよいですね。冬季に集中して作りましょう。

CHAPTER 1
Chocolat Simple
固めるだけの型抜きショコラ

テンパリングをマスターしたら、いよいよボンボン・ショコラ作りにチャレンジしましょう。
まずはガナッシュを入れない、固めるだけでできる型抜きショコラからレッスン。
型やデザイン、組み合わせは自由自在。
手持ちの型や好みの材料でオリジナルショコラを作ってみましょう。

色々な型が欲しくなる!
アレンジ自由自在のショコラ

LESSON 1
ショコラ・ミニョン
テンパリングしたチョコレートを型に流し込んで作るシンプルなタイプ。入れすぎや気泡に注意して、ていねいに作る練習をしましょう。

LESSON 2
メダイユ・ショコラ
紙製のベイキングカップで作るチョコレート。色を混ぜたり、トッピングしたり、プラチョコも使って、かわいらしいアレンジをします。

LESSON 3
タブレット・セゾン
テンパリングの腕が光る板チョコレートタイプ。好みの素材をトッピングして、カラフルさや味の組み合わせを色々と工夫しましょう。

LESSON 4
パフ・ショコラ
サクサクの食感が楽しいパフ入りのチョコレート。サイズを変えたりフレーバーをつけたり、見た目もポップに作ることができます。

EXTRA EDITION
トリュフ
※こちらはガナッシュを入れます。
市販のトリュフボールを使えば、初心者でもお店みたいに完成度の高い本格的なトリュフが作れます。ぜひチャレンジしましょう。

ショコラ・ミニョン

Chocolat Mignon

まずはシンプルにチョコレートを流し固めるところからスタートしましょう。
気泡が入って穴あきになったり、型からはみ出したりしないよう、
ていねいに作業することがポイント。
マスターしたら2色使いや模様などにもチャレンジしてみましょう。

La Tour Eiffel
エッフェル塔

材料
スイートチョコレート…200g
パールパウダー（ゴールド、レッド）…適量

使用する型

エッフェル塔型：約5×8cm。
ポリエチレン製。

Finish

左はゴールド、右はレッドのパウダーを使用。

下準備をする

絞り袋を使用する

01 P12〜を参照し、スイートチョコレートをテンパリングし、計量カップをスタンドにして絞り袋に流し入れる。

02 絞り袋の半分ほどチョコレートを入れたら、広がっているほうをねじり、絞り袋の先を6〜7mmハサミでカットする。

型に流し込む

横にあふれ出ないように流し込む

03 型に絞り袋の先を軽く押しつけるようにしてチョコレートを平らに絞り入れる。上からたらすと気泡が入るので注意！

04 チョコレートを入れ終わったら型を水平に持ち、台に軽くトントンと打ちつけて空気を抜く。

05 冷蔵庫に入れ、しっかりと固まるまで十分冷やす。長く置くときは、においがうつらないようにバットをふせて蓋をする。

06 固まったら平らな板やまな板などをチョコレートの面にあてる。紙などでは壊れる恐れがあるので固いものを選ぶ。

25

型から外す

パールパウダーをつける

07 そのまま型ごとひっくり返し台の上でトントンとたたいて振動を与える。あまり強く打ちつけないように注意。

08 型をそっと持ち上げ、型からチョコレートを外す。外れないものがあったら、外れたものを除いてから再度たたく。

09 チョコレートが型からきれいに外れたら、パールパウダー（ゴールド）を筆の先に少量つけ、全体に薄くこすりつける。

残ったチョコレート

10 もう一種類のエッフェル塔には、パールパウダー（レッド）を筆の先に少量つけ、全体に薄くこすりつける。

11 絞り袋のチョコレートが残ったときは、そのままにしておくと固まってしまうので、中味をボウルにあける。

12 固まってしまい、なかなか出てこない場合は、ドライヤーをあてて溶かしてから出す。袋についたチョコレートも溶かす。

NG

こんもり山盛りに絞ると、平らにならしたときに型のふちからはみ出してしまう。型のふちが少し見えるくらいがベストな量。

横にはみ出してしまった例。型から外れにくくなり、外したあともふちがそろわずきれいに見えないので注意。

Camée, Fleur

カメオ、フラワー

材料
スイートチョコレート…200g
ホワイトチョコレート…200g
チョコレート用色素(キャンディーカラー・黄)…少量
※キャンディーカラーはジュレ状で、そのままチョコレートに混ぜて使用できる(P90参照)。

使用する型

左から、フラワー型：直径4.5cm。ポリカーボネート製。カメオ型：4×4.8cm。ポリエチレン製。

●カメオ

01 P18を参照してホワイトチョコレートをテンパリングし、絞り袋に入れて、真ん中の女性のシルエット部分だけに平らに絞る。

02 軽く台に型を打ちつけ空気を抜く。冷蔵庫には入れずにそのまま室温でホワイトチョコレートの部分を固める。

03 テンパリングしたスイートチョコレートを型のふちまで平らに絞り、空気を抜いて冷蔵庫で冷やし固めて、型抜きする。

●フラワー

01 テンパリングしたホワイトチョコレートを少量別容器にとり、色素をほんの少し入れて混ぜ合わせ、着色する。

02 指先に着色したチョコレートを少量とり、型の花びらのふちにだけ部分的につける。そのまま室温で固める。

03 テンパリングしたホワイトチョコレートを型のふちまで絞り、空気を抜いて冷蔵庫で冷やし固め、型抜きする。

LESSON 2 Médaille Du Chocolat
メダイユ・ショコラ

メダルのような円盤型のチョコレート。表面が平らなのでラインを引いたりトッピングをするのがスムーズです。絵を描く感覚で色々なデザインにチャレンジしましょう。

Marbré
マーブル

材料
ホワイトチョコレート…200g
抹茶チョコレート…50g
金粉（ふりかけるタイプ）…少々
アラザンなど…少々
※1枚につき10g程度のチョコレートを使用する。

使用する型

ベイキングカップ：直径6㎝。内側がツルツルにコーティングしてあるもの。

Finish

▌抹茶チョコレートを使用　　　　　　　　　　▌カップに絞り入れる

01 ホワイトチョコレートに抹茶やコーヒーのフレーバーをつけたフレーバーチョコレートもテンパリングして使用する。

02 P18を参照しホワイトチョコレート150g、別に抹茶とホワイトのチョコレートを50gずつ混ぜてテンパリングする。

03 絞り袋の先をカットし、底に押しつけるようにしてカップの底半面ずつ、ホワイトと抹茶のチョコレートを平らに薄く絞る。

▌マーブルに仕上げる　　　　　　　　　　　　　　　　　　　NG

04 竹串や楊枝の太いほうを使い、真ん中かららせんを描くようにぐるぐると描く。混ぜすぎに注意。

05 軽く台に型を打ちつけて空気を抜き、金粉、アラザンなどをトッピングする。固まったら逆さにして型から出す。

マーブル模様に作るつもりが、混ぜすぎるとほぼ一色になってしまうので、様子を見ながら注意して混ぜる。

Marguerite
デイジー

材料
プラチョコ（プラスチックチョコレート）…適量
ストロベリーチョコレート…100g
ホワイトチョコレート…50g
銀箔シュガー…適量
※お花の型の代わりに、雪の結晶型などを使用してもよい。

ストロベリーチョコレートを使用

ホワイトチョコレートにいちごのフレーバーをつけたフレーバーチョコレートとホワイトチョコレート、プラチョコを使用する。

プラチョコでお花を作る

01 プラチョコとはチョコレートに水あめなどを加え、細工しやすいように加工してあるもの。粘土のように形も作れる。

02 適量を2〜3mmの厚さにのばしたプラチョコをお花の型で抜く。ベタつくときは粉糖（分量外）を打ち粉にする。

カップに絞り入れる

03 ストロベリーチョコレートとホワイトチョコレートを混ぜてテンパリングする。絞り袋に入れ、カップの底に厚み4mmに絞る。

抜いた花をトッピングする

04 トントンと空気を抜き、チョコレートが固まらないうちにプラチョコの花をそっと平らにのせる。

05 残ったストロベリーチョコレートを絞り袋に入れ、先を少しカットし、プラチョコの花の中心に花芯を絞る。

06 仕上げはお好みで銀箔シュガーをふる。ここまでの作業はチョコレートが固まらないうちに手早く行う。

VARIATION

Ligne
ライン

材料
ホワイトチョコレート…200g
銀箔シュガー…適量

カップに絞り入れる

01 P18を参照してホワイトチョコレートのテンパリングをする。絞り袋に入れてカップの底に厚み4mmに絞る。

02 カップのふちを持ち、トントンと軽く台に打ちつけて空気を抜く。冷蔵庫で冷やし固める。

03 チョコレートが十分固まったらカップを広げるようにして下から押し上げ、そっと型から出す。

チョコで細い線を描く

04 別の絞り袋に残りのチョコレートを入れ、先を少しカットする。

05 型で抜いたチョコレートの表面にランダムにラインを絞る。違う色のチョコレートでラインを描いてもいい。

06 好みで銀箔シュガーをふる。この時点でベースのチョコレートは固まっているので、ラインめがけてふるとよい。

LESSON 3　Tablette Saison
タブレット・セゾン

板チョコ型にチョコレートを流し、好みのナッツやドライフルーツをトッピング。
デコラティブにすればプレゼントにも喜ばれること間違いありません。

Tablette Figue
タブレット・フィグ

材料
スイートチョコレート…200g
フィグ（ドライイチジク）…適量
オレンジピール…適量
レーズン…適量

※トッピングは好みのフルーツ、ナッツなどを。ホワイトチョコレートやミルクチョコレートでも作ることができる。

使用する型

板チョコ型タブレット：1枚のサイズ5.5×12cm。ポリカーボネート製。

Finish

▍下準備をする

大きな型には絞り袋の先を太めにカットする

01 P12〜を参照しテンパリングしたチョコレートを絞り袋に入れ、先を少し型に押しつけるようにしてふちまで埋めるように絞る。

02 トントンと軽くたたいて空気を抜き、平らにならす。傾けすぎてふちからはみ出さないように注意する。

▍好みの食材をトッピングする

バランス、彩りよくのせる

03 好みの食材をトッピングする。チョコレートが固まるとつかなくなるので、素早く行う。

▍トッピング例

04 トッピングし終えたら、上から指で軽く押さえる。冷蔵庫で冷やし固め、裏返して、そっと型から外す。

トッピングは好きなものをチョイス。ナッツは180℃に熱したオーブンで10分ほど焼き、ドライフルーツはカットする。

食用花の砂糖漬けも華やか。花びらに卵白を塗り、微粒子グラニュー糖をまぶして数日乾燥させればできあがり。

33

LESSON 4 Puff Chocolat
パフ・ショコラ

サクサクした食感が人気の棒付きショコラ。パフ入りにすることで、厚みがあっても固すぎず食べやすいのが魅力。形を変えればバリエーションも広がります。

Lollipop Lapin, Rose
ロリポップ・ラパン、ローズ

材料
ホワイトチョコレート…100g
モルトパフ…10g
フリーズドライストロベリーパウダー…適量
（色味を見ながら加える）

※クローバー型は抹茶とホワイトのチョコレートを1対3に合わせてテンパリングし、モルトパフを混ぜ、ローズと同じ方法で固める。

右から、ロリポップうさぎ型：うさぎ部分10×3.5cm。ポリエチレン製。ローズ型、クローバー型：シリコン製。

使用する型

Finish

▌下準備をする

01 P18を参照してテンパリングしたチョコレートにモルトパフを加えてよく混ぜる。固くなったらドライヤーで調節する。

▌型に入れる

02 スプーンか小さなゴムベラで型の9分目くらいまで平らに流し入れる。固まるのが早いので、1つずつ完成させる。

03 台に軽くトントンと打ちつけて空気を抜く。モルトパフが入っていると空気が入りやすいので注意する。

▌棒をつける

04 棒をのせ、指で軽く押しつける。上から少量のパフ入りチョコレートをのせてもう一度空気を抜き、冷やし固める。

▌ローズを作る

05 テンパリングしたホワイトチョコレートにフリーズドライストロベリーパウダー、モルトパフを加えてよく混ぜる。

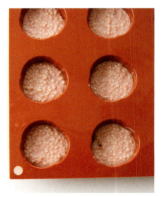

06 シリコンのローズ型に、1/3の高さまで流し入れる。冷やし固め、裏返して押すようにして型から出す。

EXTRA EDITION

Facile Truffe
トリュフ

市販のトリュフボール（球体のチョコレートケース）を作って作るかんたんトリュフ。
はじめてのガナッシュ入りボンボン・ショコラ作りにおすすめな一品。

Fraise
ストロベリー

材料
トリュフボール（ホワイト）…12個
● ストロベリーガナッシュ
ホワイトチョコレート…60g
ストロベリーピュレ…35g
キルシュ…3g
フリーズドライストロベリーフレーク
（トッピング用）…適量
● 蓋用
ホワイトチョコレート
…200g

使用する型

トリュフボールはスイート、ミルク、ホワイトのチョコレートがあり、好みで使い分ける。

Finish

ストロベリーガナッシュを作る

01 ストロベリーピュレを使用。冷凍ピュレを解凍しても、生のいちごをミキサーにかけてペーストにしてもOK。

02 耐熱容器にホワイトチョコレート60gとピュレを入れ、電子レンジで加熱する。沸騰し始めたら混ぜ合わせる。

03 溶けきらないときはさらに数秒レンジにかけてなめらかなガナッシュにし、キルシュも加え、混ぜる。

トリュフボールに絞り入れる

04 ガナッシュが人肌程度に冷めたら絞り袋に入れ、袋の先をトリュフボールの穴に入れて注入する。

05 9分目まで流し入れ、冷やし固める。テンパリングしたチョコレートでパレットナイフなどを使い、蓋をする。

06 蓋も冷えて固まったら逆さまにして並べ、テンパリングしたチョコレートで細い線をたらし、フレークをのせる。

Caramel Café
カフェキャラメル

材料
トリュフボール（ミルク）…12個
●カフェキャラメルガナッシュ
砂糖…25g
水…10g
生クリーム…50g（60℃くらいに温めておく）
はちみつ…5g
ミルクチョコレート…35g
インスタントコーヒー（粉末）…1g
プラリネ顆粒（市販品・トッピング用）…適量
●蓋用
スイートチョコレート…200g

Finish

キャラメルを作る

01 鍋に砂糖と水を入れて火にかけ、キャラメル色に煮詰まってきたら、温めた生クリーム、はちみつを加えて混ぜる。

カフェキャラメルガナッシュを作る

02 ミルクチョコレートとインスタントコーヒーを入れた耐熱容器に、**01**を熱いうちに加えてよく混ぜ合わせる。

03 なめらかで粘度のあるガナッシュになったら人肌程度に冷まし、絞り袋に入れ、先をハサミでカットする。

04 トリュフボールの穴に絞り袋の先を入れ、ガナッシュを9分目まで流し入れ、冷蔵庫で冷やし固める。

蓋をしてトッピングする

05 ガナッシュが固まったら、テンパリングしたスイートチョコレートで蓋をする。隙間のないようにしっかり密封する。

06 蓋をしたトリュフボールを冷やし固める。固まったら裏返してトッピングしやすいように並べる。

07 絞り袋にテンパリングしたスイートチョコレートを入れ、トリュフボールの上に1個ずつ絞り、プラリネを飾る。

Grand Marnier

グランマルニエ

材料
- トリュフボール（スイート）…12個
- ●ガナッシュオランジュブラン
- ホワイトチョコレート…24g
- 生クリーム…13g
- オレンジの皮すりおろし…少々
- ●ガナッシュグランマルニエ
- スイートチョコレート…27g
- 生クリーム…20g
- グランマルニエ…2g
- ●蓋用
- スイートチョコレート…200g
- 溶けない粉糖またはココア…適量

Finish

2種類のガナッシュを作る

01 耐熱容器にホワイトチョコレートと生クリームを入れてレンジで加熱し、ガナッシュになったらオレンジの皮を入れる。

ガナッシュを二段重ねにする

02 スイートチョコレートと生クリームをレンジで加熱し、ガナッシュになったらグランマルニエを入れて混ぜ合わせる。

03 それぞれのガナッシュは人肌程度に冷めたら絞り袋に入れ、ガナッシュオランジュブランから注入する。

04 トリュフボールの半分まで流し入れる。全体が均等に入るようにし、一度冷蔵庫で冷やし固める。

粉糖を絡めて仕上げる

05 ガナッシュグランマルニエを9分目まで注入して、冷やし固めたら、テンパリングしたスイートチョコレートで蓋をする。

06 テンパリングしたチョコレートと固まったトリュフを絞り袋に入れ、表面にチョコレートを絡めつける。

07 バットに広げた溶けない粉糖の上にトリュフを落とし、バットを傾けて転がし、全体にまぶして仕上げる。

CHAPTER 2

Bonbons Enrobés

ガナッシュをコーティングして仕上げるショコラ

外側はパリッとしたチョコレート、中からはトローッとした
生チョコレートが現れる魅惑のボンボン・ショコラ。
基本の作り方にちょっとアレンジを加えれば、
オリジナルのフレーバーガナッシュもかんたんに作ることができます。
また、カラフルな転写シートや金箔などを使えば、
まるでショコラトリーに並ぶショコラのような仕上がりに。

転写シートを使って作る、
カラフルなボンボン・ショコラ

LESSON 5
基本のガナッシュ・コーティングのショコラ

まずはガナッシュ作りを完璧にし、カット、コーティング、仕上げなど、基本の作り方をここでしっかりマスターしましょう。

LESSON 6
プラリネ・オレのショコラ

香ばしいプラリネ入りのガナッシュがおいしいボンボン・ショコラ。転写シートを使い、カラフルに仕上げるテクニックを紹介します。

LESSON 7
抹茶のショコラ

ホワイトチョコレートを使用する和風のガナッシュ入り。形も少し工夫して、型抜きにチャレンジ。バリエーションが広がります。

41

LESSON 5

Base de Bonbons Enrobés

基本のガナッシュ・コーティングのショコラ

センターのガナッシュはチョコレートと生クリームを溶かし合わせ、とろりとつややかになるまで混ぜて作ります。そして固まったガナッシュにチョコレートを薄く塗り、美しくカットするなどの仕上げをほどこします。下準備をしっかりすることが、上手に仕上げるポイントです。

Calvados
カルバドス

材料
- ●ガナッシュカルバドス
- ビターチョコレート(カカオ分65％)…73g
- 生クリーム…47g
- はちみつ…7g
- カルバドス…6g(ブランデー、コニャックでも可)
- ●コーティング用
- スイートチョコレート…400g

※10で行う「シャブロネ」に使用するコーティング用チョコレートは、溶かしただけの、テンパリング途中の(テンパリングが完成していない)ものを使用する。

使用する型

ボール紙で12×9cmの枠を作る。高さは2cm程度。ペーパーをピッタリ敷き込む。

Finish

下準備をする

01 ボール紙で作った枠をバットに置き、クッキングペーパーの四隅に切り込みを入れて枠にピッタリと敷き込む。

ガナッシュを作る

02 耐熱容器にビターチョコレート、生クリーム、はちみつを入れ、少しずつ様子を見ながら電子レンジで加熱する。

03 全体的に溶けて、真ん中あたりがプクプク沸騰し始めたらレンジから出す。生クリームが浮いてチョコレートが見えない状態。

04 泡立て器で中心からゆっくり混ぜるとチョコレートが出てくる。このとき勢いよく混ぜて泡立てないように注意する。

05 一度は混ざるが、そのあと分離したようにざらつきが出る。この状態で固めると、ざらついたガナッシュに。

06 混ぜ続けるとある時点でガナッシュに粘りが出て重くなりつやが出る。この「乳化状態」になるまでしっかり混ぜ続ける。

‖ カルバドスを入れる

07 リキュール類は熱を加えると香りが飛んでしまうので、できあがったガナッシュに加えてよく混ぜ合わせる。

‖ 型に流し入れる

08 下準備した型に、一気に流し入れる。ゴムベラでボウルからきれいにこそげとって入れる。

‖ 冷やし固める

> チョコレートの結晶を安定させる

09 型に流し込んだら平らにならし、乾燥しないようにカバーをして冷蔵庫に入れる。固まったらラップで密閉し、1〜2晩ねかせて冷やし固める。

> 型崩れしにくくするためにチョコレートを薄く塗る作業を「シャブロネ」という

10 コーティング用のチョコレートを400gすべて溶かし、ガナッシュの表面にシャブロネする。固まったら裏側の紙を外し同様にシャブロネする。

ガナッシュをカットする

> ナイフを温めることで、ガナッシュがつぶれることなくカットできる

11 ナイフをガス台の火に軽くかざして温める。

12 ガナッシュを3cm角にカットする。カットしたら、そのつどナイフをペーパーなどで拭き、温め直す。

離して置く

13 1つずつ離した状態で、10分ほど室温で放置する。冷えすぎるとコーティングに失敗するので、冷蔵庫には入れない。

コーティングする

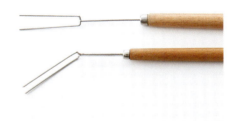

14 チョコレートフォークは市販のものを少し曲げておくと、チョコレートをすくいやすくなる。折らないように注意して曲げる。

15 P12〜を参照し、残りのコーティング用チョコレートをテンパリングする。その上に平らにガナッシュを置き、水平に押す。

16 一度でおおわれるように、ガナッシュの表面にチョコレートをさっとかける。中に押し込まないよう注意する。

▎余分なチョコレートを落とす

17 ガナッシュが傾かないようにフォークを下にさし入れ、ガナッシュを水平にのせて、そっとすくい上げる。

18 コーティング用チョコレートの表面に少し触れるぐらいのところでフォークを3〜4回上下に小さく動かし、余分なチョコレートを落とす。

▎さらに余分を落とす

19 ガナッシュをそっと持ち上げ、底についている余分なチョコレートをゴムベラなどですり切って落とす。

20 すぐに、オーブンシートかクッキングペーパーの上にそっと滑らすようにして置く。

POINT

コーティングするとき、チョコレートにガナッシュが浸かっている時間を短くすることがポイント。
左、コーティングが薄いと食感がよく、くちどけもよい。
右、コーティングが厚いと、固くくちどけが悪い。

▎仕上げる

> チョコレートが固まらないうちに仕上げをする

21 チョコレートフォークを表面におき、1〜2mm持ち上げ、すっと手前に引く。こうすることで、ラインの模様ができる。

仕上げのバリエーション

ここでは透明のフィルムと、
ストラクチュールという凸凹模様のある
プラスチックの板を使ったアレンジバージョンを紹介。
パールパウダーと金箔も、ボンボン・ショコラを引き立ててくれます。

使用するストラクチュール

ストラクチュールはショコラより少し大きめにカットして使用する。

● ストラクチュール＋パールパウダー

01 コーティングしたらP46の**20**のあと、ショコラの表面が乾かないうちに、カットしたストラクチュールを水平にのせる。

02 上から指でそっと均一に押す。強く押しすぎないように気をつける。また、気泡が入らないように注意する。

03 冷やし固まったらストラクチュールをはがす。筆先にパールパウダーを軽くつけ、ショコラの表面につける。

● フィルム＋金箔

01 透明フィルムをショコラより大きめにカットし、コーティング後すぐに表面にのせ、そっと均一に押す。

02 冷やし固まったらフィルムをはがす。平らな表面の中央にピンセットなどで金箔をのせる。

LESSON 6

Praliné Au Lait Bonbons Enrobés

プラリネ・オレのショコラ

ミルクチョコレートをベースに、香ばしいプラリネペーストを混ぜ込んだガナッシュ。
グラフィカルな転写シート使いのショコラは、ビジュアル映え満点。

Praliné Au Lait
プラリネ・オレ

材料
- ●ガナッシュプラリネ・オレ
  ミルクチョコレート（カカオ分44%）…80g
  生クリーム…34g
  アーモンドプラリネペースト…10g
  グランマルニエ…3g
- ●コーティング用
  スイートチョコレート…400g

使用する転写シート
透明シートに食用色素で模様が印刷されている。色柄の種類は多数。

Finish

ガナッシュを作る

> グランマルニエは加熱後に加える

01 P43〜を参照し、ガナッシュカルバドスと同様に、アーモンドプラリネペーストを入れたガナッシュを作る。

02 P44〜を参照し、ガナッシュを型に流し入れ、冷やし固めたら両面をシャブロネし、3cm角にカットして放置する。

03 P12〜を参照し、テンパリングしたスイートチョコレートで薄くコーティングする。余分なチョコは落とす。

仕上げる

04 転写シートはショコラより少し大きめにカットし、ざらつきのあるほうを下にして水平にのせる。

05 指で軽く、平らに押す。何か平らなもので押してもよい。ただし、押しすぎないように注意する。

06 冷やし固まったら転写シートをそっとはがす。色素がチョコレートにうつり、色とりどりのショコラができる。

LESSON 7

Thé Vert Bonbons Enrobés
抹茶のショコラ

ホワイトチョコレートをベースにした、抹茶フレーバーのガナッシュに。
和素材味なので、転写シートも和風で仕上げれば、一層エキゾチックでスタイリッシュに。

Thé Vert
抹茶

材料
● ガナッシュテヴェール
ホワイトチョコレート（カカオ分40%）…97g
生クリーム…25g
抹茶…2g
水…6g

● コーティング用
スイートチョコレート…400g

使用する転写シート
和柄テイストの転写シート。作るボンボン・ショコラより大きめにカットする。

Finish

｜ガナッシュを作る

01 P43〜を参照しガナッシュを作る。ここではホワイトチョコレートと生クリームを加熱し、最後に水でといた抹茶を加える。

02 型に流し込んだら平らにならし、カバーをして冷蔵庫に入れ、固まったらラップで密閉し、1〜2晩ねかせて冷やし固める。

03 P44を参照し、ガナッシュテヴェールの表面全体をシャブロネし、好みの大きさにカットしたり、温めた型で抜いたりする。

｜仕上げる

04 P12〜を参照しテンパリングしたスイートチョコレートでコーティングする。同様に、フォークで余分なチョコレートを落とす。

05 オーブンシートの上に滑らすように置いたら、すぐに転写シートをざらついた面を下にして水平にのせる。

06 上から指などで平らに押す。押しすぎないように注意。冷やし固まったらシートをはがす。

CHAPTER 3
Bonbons Moulés

ガナッシュやフィリングを詰めた型抜きショコラ

チョコレートで薄いケースを作り、ガナッシュやジャム、スポンジなどの詰め物をしてチョコレートで蓋をする。
つややかな型抜きショコラは憧れですよね。型抜きショコラと同様、テンパリングを正確に行い、
ガナッシュ作りには必ず指定のカカオ分のチョコレートを使いましょう。それが成功する秘訣です。

型の形は好みのもので、
ケースにも工夫を。
中に入れる素材は
食感違いをアレンジします

LESSON 8
ガナッシュを詰めた
基本の型抜きショコラ
正確なテンパリングと、作業の段取り、手際などを詳しく解説。まずは基本の作り方をマスターしてから進みましょう。

LESSON 9
具入りガナッシュを詰めた
単色のショコラ
とろりとしたくちどけのガナッシュと、食感の違う、相性のよい素材をフィリングにして、組み合わせて詰めます。

LESSON 10
2層ガナッシュの
マーブル模様ショコラ
色違いのチョコレートを使って自然なマーブル模様のチョコレートケースを製作。フレーバーの違うガナッシュを2層に詰め、味に広がりをもたせます。

LESSON 11
絞りデコレーションのショコラ
チョコレートのカップにクリームをのせたデザート感覚。中にはサクサク食感のフィヤンティーヌやジャムを入れてアレンジします。

LESSON 12
カラーをつけたショコラ（色素）
カカオバター入りのチョコレート色素を使い、輝くようなつややかなカラーリングに仕上げます。色々なカラーにチャレンジしましょう。

LESSON 13
カラーをつけたショコラ（混合）
まるで和ガラスやビー玉のような透明感とレトロな雰囲気が素敵な、浮き出るような色合い。中には洋酒のきいたスポンジが入ります。

LESSON 14
和風のショコラ
海外の有名ショコラティエの間でも注目されている和素材を使ったショコラ。中味はもちろん、形にもこだわった本格的な和のショコラ。

LESSON 15
立体フォルムのショコラ
シャンパンのガナッシュが入ったスペシャルなボンボン・ショコラ。同じ形を2つ組み合わせると立体的な宝石の形になります。

LESSON
8

Base de Bonbom Moulés

ガナッシュを詰めた
基本の型抜きショコラ

正確なテンパリングと作業の段取り、手際のよさがボンボン・ショコラを上手に作るポイントです。
チョコレートのケースを作る場合、量が少ないとすぐに固まってしまうなど作業性が悪いので、
多めにテンパリングすることをおすすめします。

Grand Marnier
グランマルニエ

材料
カカオ型…12個分
ビターチョコレート(ケース用)…400g
●ガナッシュグランマルニエ
スイートチョコレート(カカオ分55%)…50g
生クリーム…37g
グランマルニエ…4g
金箔スプレー…適量

使用する型

Finish

カカオ型:24個型。ポリカーボネート製。使いたい個数だけ使用する。

▌下準備をする

01 P12〜を参照しビターチョコレートをテンパリングする。型が冷たいとチョコレートが厚くなるのでドライヤーで温めておく。

02 気泡ができないように、テンパリングしたチョコレートを指の腹に少しつけ、型の凸凹した内側にこするように塗りつける。

▌チョコレートケースを作る

03 シリコンマットの上に型を置き、型のくぼみが埋まる程度に、テンパリングしたチョコレートを手早く流し込む。

POINT
チョコレートの温度はテンパリングが壊れない程度、ぎりぎりまで上げておくと流動性が出て薄いチョコレートケースができる。

余分なチョコレートを落とす

04 チョコレートをさっとゴムベラで平らにならし、型を持ち上げマットに打ちつけ空気を抜く。これ以降も手早く作業する。

05 片手で型を持ち、ボウルの上で裏返して、型の側面を三角ヘラの柄で軽くたたき、振動で余分なチョコレートを落とす。

06 逆さにしたまま三角ヘラで余分なチョコレートをさらに落とす。ここではざっと落とすくらいで大丈夫。

07 ヘラについたチョコレートは、そのつどこそげ落としておかないと、固まってしまい、次の作業がきれいにできなくなる。

08 マットの上で型を両手で持ち、裏返したままトントンと軽く打ちつけ、さらに余分なチョコレートを落とす。

余分なチョコをこそげ落とす

09 三角ヘラで型の表面を手前からざっと向こう側にすり切り、ヘラについたチョコレートもボウルのふちでこそげ落とす。

10 型を水平にして表面についたチョコレートをきれいにすり切る。型の上にはなるべくチョコレートが残らないようにする。

11 型の側面についてしまったチョコレートもきれいにこそげとることで、手や冷蔵庫を汚さず、チョコレートを無駄にしない。

チョコレートケースのできあがり　EXAMPLE

12 チョコレートケースのできあがり。穴がなく、均等にチョコレートが薄く入っていれば成功。くちどけがよくなる。

たくさん作りたい場合は写真のように、型の全面を使います。

ガナッシュを作る

13 P36〜を参照しガナッシュを作る。ここではスイートチョコレートと生クリームをレンジで加熱し、泡立て器でよく混ぜる。

14 ガナッシュができたらグランマルニエを加えて混ぜ合わせ、人肌程度に冷めたら絞り袋に流し、先を6mmほどカットする。

ガナッシュを詰める

15 絞り袋の先を軽く押しつけるようにして、ケースの9分目まで空気が入らないようにガナッシュを平らに流し込む。

POINT

ガナッシュを入れすぎると蓋をするときガナッシュがあふれ、少なすぎると蓋が分厚くなり、どちらも食感に影響がでる。

16 ガナッシュを入れたら冷蔵庫で2時間以上冷やし固める。他の食品のにおいがつかないようにバットなどをかぶせておく。

シーリングする（蓋をする）

型を室温に戻してからチョコレートをかける

17 型を冷蔵庫から取り出して、15分ほど放置して室温に戻し、テンパリングし直したチョコレートをざっとかける。

18 チョコレートをかけたらすぐにゴムベラなどで平らにならし、ガナッシュ全体をカバーするように広げる。

19 全体をチョコレートでおおったら、型を両手で持ち、軽くトントンとマットに打ちつけて空気を抜く。

20 型をボウルの上で水平に持ち、三角ヘラですり切る。すり切るたびにボウルのふちでヘラについたチョコレートを落とす。

型の上にチョコレートが残らないようにきれいになるまですり切る。すり切ったとき、穴があいていないか確認する。

冷やし固める

21 型がきれいになったら冷蔵庫で冷やし固める。このときも他の食品のにおいがつかないようにバットなどかぶせる。

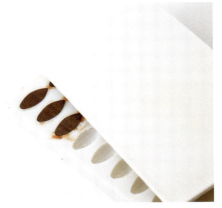

22 30分ほど冷蔵庫で冷やし固めたら、取り出してまな板や固い板のようなものをチョコレートの面にあてて裏返す。

59

型抜きする

23 裏返した型を板ごと軽く台に打ちつける。型をそっと持ち上げてチョコレートを外す。

24 外れないものがあったら、傷がつかないように先に外れたものをどかし、再度板をあててチョコレートを外す。

スプレーをかける

25 型抜きしたショコラは直接触ると指紋がついたり、くもりが出たりするので、ここからは手袋をして作業をするとよい。

26 仕上げは金箔スプレーをピンポイントに軽く吹きつけ、ゴージャスにする。ただし、かけすぎには注意する。

正確なテンパリングと手早さが決め手

型抜きショコラを美しく仕上げるには、正確なテンパリングが欠かせません。きちんとテンパリングできていないと型から抜けず、つやのない仕上がりになってしまいます。また、作業が遅いとチョコレートケースが厚くなったり、ふちをきれいにすり切れなかったりするので、手早く進めましょう。

作ったショコラの保存法と保存期間

密閉容器に重ねずに並べ入れ、さらに密閉袋に入れて保存します。温度15度、湿度50%以下が理想の環境です。家庭では冷蔵庫の野菜室がおすすめ。チルド室、冷凍室、冷蔵室では温度が低すぎ、室温に出したときに水滴がつきやすくなります。本誌のレシピは水分の多いガナッシュが中心なので、作ってから10日程度で食べきるようにしましょう。

失敗例と対処法

型から抜けない、ガナッシュがかたよる、
チョコレートケースが分厚い、
シーリングがきれいにできない、など。
ここではやってしまいがちな失敗と、
その対処法を紹介します。

Q 型から外れない

A 裏返してたたいても全部、または一部が抜けないのは、テンパリングが正確にできていなかったことが原因です。また、冷やし足りないときも外れません。P12〜を参照し、もう一度やり直しましょう。

Q ブルームが出た（表面に白い粉がふいたような状態）

A テンパリングの最後に温度を上げすぎると出やすくなります。また、長時間冷蔵庫や湿気のある所に放置すると水滴がつき、ブルームの原因になります。

Q ガナッシュがはみ出した

A ガナッシュの量が多いと何度蓋をしてもはみ出してしまいます。入れるのは9分目まで。入れすぎたら少しすくって取り、表面を平らにしましょう。

Q チョコレートケースが厚い

A

チョコレートケースが厚いとガナッシュがあまり入らず、噛んだときに固く感じます。作業が遅くなると厚くなるので、手際よく。また、テンパリングの温度をぎりぎりまで上げると仕上がりが薄くなります。

Q 蓋がデコボコになる

A ガナッシュを冷やし固め、チョコレートで蓋をするとき、型が冷たいとあっという間にチョコレートが固まってきれいにすり切れません。常温に戻してからシーリングします。また、何度もすり切っていると固まってくるので注意しましょう。

61

LESSON 9

Cerise, Orange Blanc, Caramel Citron

具入りガナッシュを詰めた単色のショコラ

とろりとしたくちどけのよいガナッシュと一緒に、洋酒漬けフルーツやジャム、キャラメルなど、
食感や味の違うフィリングを詰めてみましょう。相性のよいさまざまな素材を組み合わせることで、
オリジナルのバリエーションが生まれます。

Cerise

チェリーボンボン

材料
ダイヤ型…12個分
ホワイトチョコレート(ケース用)…400g
●ガナッシュナチュール
スイートチョコレート(カカオ分40%)…36g
生クリーム…27g
チェリーの洋酒漬け(市販品)…6粒
金箔…適量

使用する型

Finish

左から、ダイヤ型、ジャンドゥージャ型、キャレ型：ポリカーボネート製。

シーリング後、冷やし固めて型抜きし、金箔をのせる。

チョコレートケースを作る

ビターチョコレートよりドロッとしているので注意して！

01 P55〜を参照し、ホワイトチョコレートでチョコレートケースを作る。余分なチョコレートをよく落とす。

ガナッシュを作る

02 P36〜を参照し、ガナッシュナチュールを作る。耐熱容器にスイートチョコレートと生クリームを入れ、レンジで加熱する。

03 沸騰し始めたら泡立て器でよく混ぜ、溶けきるまで少しずつ加熱を繰り返す。全体がなめらかなガナッシュを作る。

04 洋酒漬けのチェリーは容器から出し、半分に切ってキッチンペーパーの上に置き、水気を切っておく。

詰める

05 ガナッシュが人肌程度に冷めたら、絞り袋に入れて、先を5〜6mmほどカットする。

06 絞り袋の先をチョコレートケースの底に押しつけ、空気が入らないように、ケースの半分までガナッシュを流し込む。

> ガナッシュを詰め、冷やし固めてからシーリングする

07 ケースの半分まで入ったガナッシュの中央に、チェリーをカット面を上にして、押し込む。

08 チェリーの上から残りのガナッシュを9分目まで平らに絞り入れる。こんもりと山高くならないように注意する。

09 軽く台に打ちつけて空気を抜き、冷やし固める。P58〜を参照し、ホワイトチョコレートでシーリングする。

Orange Blanc
オランジュブラン

材料
キャレ型…12個分
ビターチョコレート(ケース用)…400g
オレンジマーマレード(市販品)…20g
●ガナッシュブラン
ホワイトチョコレート(カカオ分40%)…35g
生クリーム…19g
コアントロー…2g
オレンジの皮すりおろし…少々
パールパウダー(シルバー)…適量

Finish

シーリング後、冷やし固めて型抜きし、P26を参照しパールパウダーをライン状に描く。

詰める

01 P55〜を参照しビターチョコレートでケースを作る。マーマレードは細かく刻み、少しずつケースの底に入れる。

02 P36〜を参照しホワイトチョコレートと生クリームを加熱してガナッシュを作り、コアントローとオレンジの皮を加えて混ぜる。

03 人肌程度に冷めたら絞り袋でマーマレードの上に9分目まで平らに注入し、冷やし固め、P58〜を参照しシーリングする。

Caramel Citron
キャラメルシトロン

材料
ジャンドゥージャ型…12個分
ミルクチョコレート(ケース用)…400g
●キャラメルソース
砂糖…30g
水…15g
生クリーム…30g(60度くらいに温めておく)
レモンの皮すりおろし…少々
●ガナッシュオレ
ミルクチョコレート(カカオ分44%)…45g
生クリーム…33g
金箔スプレー…適量

Finish

シーリング後、冷やし固めて型抜きし、金箔スプレーを部分的に吹きつける。

下準備をする

01 砂糖と水を中火にかけ、キャラメル色になるまで煮詰める。濃い茶色になったら生クリームを2回に分けて入れる。

02 熱いので静かに混ぜる。レモンの皮をすり入れ再度よく混ぜ、十分に冷めたら絞り袋に入れ、袋の先をカットする。

詰める

03 P55～を参照しミルクチョコレートで作ったケースに、1個につき2g程度、キャラメルソースを平らに絞り入れる。

NG

04 P36～を参照しミルクチョコレートと生クリームでガナッシュを作り、キャラメルソースの上へ絞り入れ、P58～を参照しシーリングする。

ガナッシュはスプーンで詰めると、はみ出したりしてきれいに仕上がらないので、必ず絞り袋に入れて製作する。

LESSON
10

Rhum Raisin, Thé Citron, Marron

2層ガナッシュの
マーブル模様ショコラ

色違いのチョコレートを使って、自然なマーブル模様を作ります。
中にはフレーバーの違うガナッシュを2層に詰め、味に広がりをもたせます。
混ざってしまわないように、1層目を冷やし固めてから2層目を入れるのがポイントです。

Rhum Raisin
ラム・レザン

材料
コキーユ型…12個分
ホワイトチョコレート(模様用)…100g
ビターチョコレート(ケース用)…400g
●ガナッシュカフェオレ
ホワイトチョコレート(カカオ分40%)…30g
生クリーム…17g
インスタントコーヒー(粉末)…1g
ラムレーズン(市販品)…12粒
●ガナッシュナチュール
スイートチョコレート(カカオ分55%)…40g
生クリーム…30g

使用する型

左から、フラワー型、コキーユ型、リーフ型:ポリカーボネート製。

Finish

模様をつける

01 P18〜を参照しホワイトチョコレートをテンパリングする。指の腹に少しつけ、型の内側半分ほどにまだらにこすりつける。

02 全部埋めないよう、塗り残しがあるくらいのまだら模様にする。気泡が入らないように薄くつけることがポイント。

チョコレートケースを作る

03 そのまま室温で固め、上からビターチョコレートを軽くこすりつけてから、P55〜を参照しチョコレートケースを作る。

04 ケースができたところ。裏側から見るとまだらな模様になっている。ひとつずつ違う柄が出ていると楽しい。

POINT

内側はビターチョコレート一色。コキーユのような凸凹の型は気泡が入りやすいので注意し、なるべく薄く作る。

ガナッシュを作る

05 P36〜を参照しホワイトチョコレートと生クリーム、インスタントコーヒーでガナッシュに。ガナッシュナチュールも同様に作る。

詰める

06 絞り袋にガナッシュカフェオレを詰め、12等分する様にチョコレートケースに平らに流し込む。

07 ラムレーズンを1粒ずつ入れて押し込み、15分ほど冷蔵庫でガナッシュの表面を冷やし固める。

08 固まったら上からガナッシュナチュールを9分目まで絞り入れ、P58～を参照しシーリングし型抜きする。

Thé Citron
テ・シトロン

材料
リーフ型…12個分
ホワイトチョコレート(模様用)…100g
ミルクチョコレート(模様用)…100g
ビターチョコレート(ケース用)…400g
●ガナッシュシトロン
ホワイトチョコレート(カカオ分40%)…20g
生クリーム…11g
レモンの皮すりおろし…少々
●ガナッシュテ
ミルクチョコレート(カカオ分44%)…32g
生クリーム…24g

紅茶パウダー(市販品)…2g
パールパウダー(ゴールド)…適量

模様をつける

01 ラム・レザンを参照し、ホワイトチョコレートでまだら模様をつけ、固まったらさらにミルクチョコレートでまだら模様をプラスする。

チョコレートケースを作る

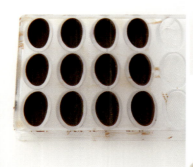

02 室温で模様が固まったらP55～を参照し、テンパリングしたビターチョコレートでチョコレートケースを作る。

詰める

03 P36～を参照し2種類のガナッシュを作る。チョコレートケースにガナッシュシトロンを絞り入れ、固まったら上にガナッシュテを絞り入れる。

04 ガナッシュテが固まったらP58～を参照しシーリングする。型抜きし、仕上げにパールパウダーを筆先につけ、こすりつける。

Marron

マロン

材料
フラワー型…12個分
ミルクチョコレート(模様用)…100g
ビターチョコレート(ケース用)…400g
● ガナッシュマロン
ホワイトチョコレート(カカオ分40%)…17g
生クリーム…15g
マロンペースト(缶詰)…12g
● ガナッシュラム
スイートチョコレート(カカオ分55%)…40g
生クリーム…30g
ラム酒…3g
パールパウダー(レッド)…適量

Finish

下準備をする

01 テンパリングしたミルクチョコレートを指の腹に少しつけ、型の内側半分ほどにまだらにこすりつけて室温で固める。

チョコレートケースを作る

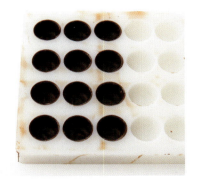

02 ミルクチョコレートが固まったらP55〜を参照し、テンパリングしたビターチョコレートを流し込みケースを作る。

2種のガナッシュを作る

03 P36〜を参照しホワイトチョコレート、生クリーム、マロンペーストを加熱して混ぜ合わせ、なめらかなガナッシュマロンを作る。

04 スイートチョコレートと生クリームでガナッシュを作りラム酒を加える。2種とも冷めたら絞り袋に入れる。

詰める

05 ガナッシュマロンの入った絞り袋の先を6mmほどカットし、12等分になるように流し込み、一度冷やし固める。

06 ガナッシュマロンの上からガナッシュラムを9分目まで絞り入れ、型を台に軽く打ちつけて空気を抜き、冷やし固める。

07 P58〜を参照し、ビターチョコレートでシーリングして型抜きし、仕上げにパールパウダーを筆先につけ、こすりつける。

LESSON 11

Praliné Amande, Ganache Feuillantine, Praliné Noisette

絞りデコレーションのショコラ

チョコレートでケースを作ったら、型から抜いてチョコのカップを作ります。
中にはサクサク食感のフィヤンティーヌ（P71右下参照）や味に変化をつけるジャムを忍ばせ、
上になめらかでくちどけのよいプラリネクリームやガナッシュを絞って仕上げます。

Praliné Amande
プラリネ・アマンド

材料
フラワー型…12個分
ビターチョコレート(ケース用)…400g
フィヤンティーヌ…10g
ミルクチョコレート(フィヤンティーヌ用)…12g
●プラリネバタームース
アーモンドプラリネペースト…15g
ミルクチョコレート…65g
バター(食塩不使用)…40g
粉糖…15g
コアントロー…3g
パールクラッカン(飾り)…少々

使用する型

Finish

左から、フラワー型、カカオ型、コーヒービーンズ型：ポリカーボネート製。

パールクラッカンのほかに金箔をトッピングしてもよい。

下準備をする

型を逆さまにするとチョコレートカップが壊れてしまうので注意!

01 P55〜を参照し、ビターチョコレートでケースを作る。チョコレートが固まったら、そっと上にスライドさせるように型から抜く。

ムースを作る

02 プラリネバタームースを作る。バターをクリーム状に練り、粉糖を加えて白っぽくなるまで泡立て器で混ぜる。

03 液状に溶かし、人肌程度に冷ましたミルクチョコレート、プラリネペーストを加える。温かいとバターが溶けてしまうので注意する。

04 ハンドミキサーの中速でよく撹拌して軽い食感にする。空気が入ってくると、だんだん白っぽくなってくる。

05 白っぽくなってきたらコアントローを加え、さらに角が立つくらいまで、しっかり泡立てる。そうするとなめらかなくちどけに。

PIC UP!

フィヤンティーヌとは、クレープ生地を薄く香ばしく焼き、フレーク状にしたもの。ロイヤルティーヌという商品名もある。

詰める

06 フィヤンティーヌに液状に溶かしたミルクチョコレート12gを入れて混ぜる。こうしておくと湿気なくサクサク食感を保てる。

07 チョコレートでコーティングしたフィヤンティーヌをティースプーンでチョコレートカップの中に少しずつ入れ、平らにならす。

絞る

ここでは大きめの星口金を使うことで、ボリュームを出す。サイズは8切り9号を使用。

08 プラリネバタームースを星口金をつけた絞り袋に入れ、フィヤンティーヌの上にボリュームを出して絞る。

09 パールクラッカンを1つにつき3〜4粒トッピングする。できあがったら冷蔵庫で冷やし固める。

Ganache Feuillantine

ガナッシュ・フィヤンティーヌ
Finish

材料
- コーヒービーンズ型…12個分
- ビターチョコレート(ケース用)…400g
- フィヤンティーヌ…10g
- ミルクチョコレート(フィヤンティーヌ用)…12g
- ●ガナッシュカルバドス
- ミルクチョコレート…15g
- スイートチョコレート(カカオ分55%)…45g
- 生クリーム…40g
- はちみつ…5g
- カルバドス…3g
- ケーキピック…12枚

下準備をする

01 ミルクとスイートのチョコレート、生クリーム、はちみつを加熱し、ガナッシュができたらカルバドスを加えて混ぜ、冷蔵庫で少し冷やす。

02 P55〜を参照して作ったチョコレートケースに、プラリネ・アマンド同様に作ったフィヤンティーヌを入れてならす。

03 ガナッシュカルバドスを8切り7号の星口金をつけた絞り袋に入れ、フィヤンティーヌの上にぐるっと楕円に絞る。

04 ケーキピックを刺し、冷蔵庫で冷やし固める。他の食品のにおいがうつらないように密閉容器に入れる。

Praliné Noisette
プラリネ・ノワゼット

材料
カカオ型…12個分
ビターチョコレート(ケース用)…400g
オレンジマーマレード(細かく刻む)…15g
●プラリネバタームース
ヘーゼルナッツプラリネペースト…15g
ミルクチョコレート…65g
バター(食塩不使用)…40g
粉糖…15g
コアントロー…3g
オレンジピール…適量

Finish

詰める

01 P55〜を参照して作ったチョコレートケースに、細かく刻んだマーマレードをティースプーンで入れ、平らにならす。

02 プラリネ・アマンド同様にヘーゼルナッツのプラリネバタームースを作り、8切り7号の星口金でらせんを描くように絞る。

03 ボリューミーに絞ったバタームースの上に細切りにしたオレンジピールを飾って、冷蔵庫で冷やし固める。

LESSON 12

Fraise Framboise, Caramorange, Pistache Cerise

カラーをつけたショコラ（色素）

カカオバター入りのチョコレート用色素を使って、輝くようにつややかなカラーリングに仕上げるショコラ。
ドラマチックな仕上がりが魅力的。形に合わせて色を変えたり、
中味との組み合わせを工夫すると、バリエーションが広がります。

Fraise Framboise
フレーズ・フランボワーズ

材料
ハート型…12個分
チョコレート用色素(赤)…少々
ビターチョコレート(ケース用)…400g
ラズベリージャム…20g
●ガナッシュフレーズ
ホワイトチョコレート(カカオ分40%)…54g
ストロベリーピュレ(冷凍を解凍する)…30g
キルシュ…2g
パールパウダー(ゴールド)…少々
※チョコレート用色素についてはP90を参照。

使用する型

左から、ハート型、ローズ型、トリアングル型：ポリカーボネート製。

Finish

下準備をする

01 上、チョコレート用色素(P90参照)。下、マイクリオ(粉末カカオバター)とキャンディーカラー(P90参照)。

写真はカカオバター入り色素を使用

02 チョコレート用色素(赤)を少量耐熱容器に入れてレンジで加熱し溶かす。人肌程度の温度にしてから使用する。

03 色素を筆の先に少量つけ、型の内側にこすりつける感じでまだらに塗り、色をつける。

04 そのまま室温で固める。冷蔵庫に入れると型が冷たくなりすぎるので注意。

NG

チョコレート用色素をべったり厚く塗ると、型抜きのときにはがれにくくなり、まだらにはがれてしまうので注意！

チョコレートケースを作る

05 P55～を参照しビターチョコレートでケースを作る。色素がついているので、チョコレートを指でつけるときこすりすぎないように。

ガナッシュを作る

06 できあがったチョコレートケースの底にラズベリージャムを12等分するように少量ずつティースプーンで入れ、平らにならす。

07 P36〜を参照し、耐熱容器にホワイトチョコレート、ストロベリーピュレを入れ、様子を見ながら加熱する。

08 沸騰してきたら取り出し、泡立て器でよく混ぜ合わせてガナッシュにしてから、キルシュを入れて再度混ぜる。

詰める

09 人肌程度に冷めたガナッシュフレーズを絞り袋に詰めて先をカットし、ジャムの上、9分目まで平らに絞り、冷やし固める。

10 ガナッシュが固まったら、P58〜を参照し、テンパリングしたビターチョコレートでシーリングし、型抜きする。

11 型抜きしたらパールパウダーを筆先につけ、表の面の半分ほどにこすりつけるようにし、アクセントをつける。

Caramorange
キャラモランジュ

材料
ローズ型…12個分
チョコレート用色素(赤)…少々
ミルクチョコレート(ケース用)…400g
オレンジマーマレード(細かく刻む)…20g
●ガナッシュキャラモランジュ
砂糖…25g
水…12g
生クリーム…50g(60℃くらいに温めておく)
はちみつ…5g
ミルクチョコレート…35g
オレンジの皮すりおろし…少々
パールパウダー(レッド)…適量

Finish

下準備をする

01 フレーズ・フランボワーズを参照し、赤色の色素を型の底を中心に軽くこすりつけるように色づけする。ふちには塗らない。

詰める

02 P55〜を参照しミルクチョコレートでケースを作る。色素がついているので、チョコレートを指でつけるときこすりすぎないように。

03 チョコレートケースの底に刻んだマーマレードを少量ずつ入れる。P38〜を参照し、ガナッシュキャラモランジュを作り、絞り入れる。

仕上げる

04 P58〜を参照し、ミルクチョコレートでシーリング後、型抜きする。パールパウダーを筆先につけ、上面にこすりつける。

Pistache Cerise
ピスターシュ・スリーズ

材料
トリアングル型…12個分
チョコレート用色素（黄、緑）…少々
ホワイトチョコレート（ケース用）…400g
チェリージャム…20g
●ガナッシュピスターシュ
ホワイトチョコレート（カカオ分40%）…50g
生クリーム…28g
ピスタチオペースト…7g
キルシュ…3g
パールパウダー（ゴールド）…適量

Finish

下準備をする

01 P75〜を参照し、ここでは黄色と緑の色素を使い、一部重ねてグラデーションになるように薄くつけ、室温で固める。

詰める

02 P36〜を参照し、ホワイトチョコレート、生クリーム、ピスタチオペーストを加熱してガナッシュを作り、キルシュを入れる。

03 P55〜を参照し、ホワイトチョコレートで作ったケースの底にチェリージャムを入れ、上にガナッシュを絞り、P58〜を参照しシーリングする。

仕上げる

04 冷やし固め、型抜きしたらパールパウダーを筆先につけ、色素の入っている部分だけにこすりつける。

LESSON 13

Verre Japonais, Litchi Framboise

カラーをつけたショコラ（混合）

まるで和ガラスやビー玉のような透明感とレトロな雰囲気のある仕上がりが美しいボンボン・ショコラ。
色素とホワイトチョコレートを薄く重ねて浮き出るような絶妙な色合いを出し、
中には洋酒のきいたスポンジを忍ばせて大人の味に仕上げます。

Verre Japonais
びいどろ

材料

ドーム型…12個分
チョコレート用色素(黄、赤)…各少々
ホワイトチョコレート(模様用)…100g
ビターチョコレート(ケース用)…400g
スポンジ(市販品)…適量

● コアントローシロップ
砂糖…17g
水…10g
コアントロー…17g

● ガナッシュオランジュ
スイートチョコレート
(カカオ分55%)…40g
生クリーム…30g
オレンジの皮すりおろし…少々
パールパウダー(ゴールド)…適量
※色素は好みの色を使ってもよい。

使用する型

ドーム型：直径3cm。ポリカーボネート製。

Finish

▌下準備をする

01 P75を参照し、チョコレート用色素(黄)を加熱して溶かす。筆先につけ型の内側にまだらにこすりつける。

02 黄色が固まったら、同様に溶かした赤色を筆先につけ、黄色に軽く重なるように、まだらにこすりつける。

03 そのまま室温で色素が固まったら、P18〜を参照しテンパリングしたホワイトチョコレートを指の腹につけ、まだらに塗る。

04 さらにケース用にテンパリングしたビターチョコレートを指で隙間なく塗り、色素が見えないようにする。

05 その後、P55〜を参照し、全体にテンパリングしたビターチョコレートを流し込んでチョコレートケースを作る。

06 スポンジを用意する。7mm角ほどの大きさに切る。大きなものではなく、切れ端があればそれを使用してもよい。

詰める

07 シロップを作る。砂糖、水をレンジで加熱、沸騰させ、冷ましてからコアントローを加えて混ぜ合わせる。

08 チョコレートケースの底に小さく切ったスポンジを入れ、上からスプーンで少しずつシロップをたらし、しみ込ませる。

09 シロップが足りないとボソボソした食感になるので、飽和状態までしっかりしみ込ませる。

10 P36〜を参照し、ガナッシュオランジュを作る。絞り袋に入れて9分目まで絞り、P58〜を参照しシーリング、型抜きをしてパールパウダーをつける。

薄いチョコレートケースの上面にシロップのしみ込んだスポンジ、下にガナッシュがバランスよく入っていれば成功。

【応用編】色々な形で作るバリエーション

びいどろをアレンジして、カカオ型で作ります。中味はライチのリキュールとフランボワーズの組み合わせで大人の香りを演出。

Litchi Framboise
ライチ・フランボワーズ

材料
カカオ型…12個分
チョコレート用色素（好みの色）…各少々
ホワイトチョコレート（模様用）…100g
ビターチョコレート（ケース用）…400g
スポンジ（市販品）…適量
●ライチシロップ
砂糖…17g
水…10g
ディタ…17g
●ガナッシュフランボワーズ
ホワイトチョコレート（カカオ分40%）…35g
フランボワーズピュレ（冷凍）…20g
パールパウダー（ゴールド）…適量

下準備をする

01 P75を参照し1～2色のチョコレート用色素を溶かして縦にまだらにつける。ここでは青色に紫色を重ねている。

02 縦に線状につけると横のグラデーションにできあがる。その後、前作同様に指の腹でホワイトチョコレートをまだらに塗る。

03 P55～を参照し、テンパリングしたビターチョコレートで薄いチョコレートケースを作り、底にスポンジを入れる。

詰める

04 砂糖、水をレンジで加熱、冷ましてからディタを加えて混ぜたシロップを、チョコレートケースに入れたスポンジにかける。

05 P36～を参照し、ホワイトチョコレートとフランボワーズピュレを加熱してガナッシュを作り、スポンジの上から9分目まで入れる。

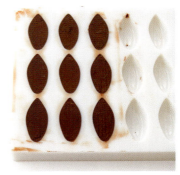

06 P58～を参照し、シーリングして、型抜きしたらパールパウダーをつける。

LESSON 14

Thé Vert Rôti, Yuzu, Thé Vert

和風のショコラ

海外で人気の高い和素材は、有名ショコラティエがこぞって使う注目のアイテム。中身はもちろん、形も日本的なイメージで作れば本格的です。

Thé Vert Rôti
ほうじ茶オレ

材料
ドーム型…12個分
パールパウダー（ゴールド）…適量
無水エタノール…20g
ビターチョコレート（ケース用）…400g
●ガナッシュブラン
ホワイトチョコレート（カカオ分40%）…18g
生クリーム…10g

●ほうじ茶ガナッシュ
ミルクチョコレート（カカオ分44%）…30g
生クリーム…22g
ほうじ茶パウダー…2g
水…8g

使用する型
左から、ドーム型、扇型、六角型：ポリカーボネート製。

Finish

下準備をする

01 無水エタノール（純度の高いアルコール・薬局で購入可）とパールパウダーをスプレー容器に入れて蓋をし、よくふって混ぜる。

薄めにスプレーすることがポイント

02 01を、使用する型に、少し離してまだらになるように吹きつけ、そのまま乾かす。

03 テンパリングしたビターチョコレートを指の腹につけ、型にこすりつける。パールパウダーが取れないように注意する。

余分なチョコレートを落とし、薄く仕上げる

04 P55～を参照し、残りのビターチョコレートを流し入れてチョコレートケースを作る。

05 P36～を参照しミルクチョコレートと生クリーム、ほうじ茶パウダーでほうじ茶ガナッシュを作る。チョコレートケースの半分に流し入れ、冷やし固める。

06 P36～を参照しホワイトチョコレートと生クリームでガナッシュブランを作り、ほうじ茶ガナッシュの上に絞り、P58～を参照しシーリングし型抜きする。

Yuzu
柚子

材料
扇型…12個分
ビターチョコレート（ケース用）…400g
柚子ジャム…25g
●柚子ガナッシュ
ホワイトチョコレート（カカオ分40％）…35g
生クリーム…19g
コアントロー…2g
柚子の皮すりおろし…少々
パールパウダー（シルバー）…適量

Finish

下準備をする

凸凹しているので最初に指の腹でよくこすりつける

01 P55〜を参照し、ビターチョコレートでチョコレートケースを作る。

02 柚子ジャムは細かく刻んで、12等分しティースプーンでチョコレートケースの底に入れ、軽く押しつける。

03 P36〜を参照し柚子ガナッシュを作る。容器にホワイトチョコレート、生クリームを入れて、様子を見ながらレンジで加熱する。

04 泡立て器でよく混ぜてガナッシュになったら、コアントロー、柚子の皮すりおろしを加え、再度よく混ぜ合わせる。

詰める

05 柚子ガナッシュを絞り袋に入れてケースに絞り、P58〜を参照してシーリングし、冷やし固めて型抜きする。

仕上げる

06 パールパウダーを筆先につけ、扇の表面にさっと曲線を描くように滑らせる。扇の柄のように見せるときれい。

Thé Vert
抹茶

材料
六角型…12個分
ビターチョコレート(ケース用)…400g
●ガナッシュテヴェール
ホワイトチョコレート(カカオ分40%)…25g
生クリーム…14g
抹茶…1g
水…3g
●ガナッシュナチュール
スイートチョコレート(カカオ分55%)…32g
生クリーム…24g
銀箔…適量

Finish

下準備をする

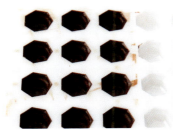

凸凹しているので最初に指の腹でよくこすりつける

01 P55〜を参照し、ビターチョコレートでチョコレートケースを作る。

02 P36〜を参照しガナッシュテヴェールを作る。ホワイトチョコレートと生クリームを加熱、ガナッシュにしてから、水で溶いた抹茶を入れて混ぜる。

詰める

03 ガナッシュテヴェールが冷めたら絞り袋に入れ、チョコレートケースの半分まで入れる。同様にガナッシュナチュールも作る。

04 ガナッシュテヴェールが固まったら、上にガナッシュナチュールを9分目ほど、平らに絞り入れる。

05 2層のガナッシュが入ったら軽く台に打ちつけて空気を抜き、P58〜を参照し、シーリングする。

仕上げる

06 冷やし固めたら型抜きをする。型が崩れやすいので、そっと外す。六角の表面中央に、ピンセットで銀箔をのせる。

LESSON 15

Bonbons Spéciaux

立体フォルムのショコラ

シャンパンのガナッシュが入ったスペシャルなボンボン・ショコラです。
同じ形同士を組み合わせると立体的な宝石（ビジュー）の形になります。
特別な人にジュエリーケースなどに入れてプレゼントしてはいかがでしょうか？

Bijou
ビジュー

材料
ビジュー型…12個分
ホワイトチョコレート（模様用）…100g
ミルクチョコレート（ケース用）…400g
●ガナッシュシャンパーニュ
ホワイトチョコレート（カカオ分40％）…48g
マイクリオ（カカオバターの粉末）…3g
シャンパン…15g
パールパウダー（ゴールド、パープル、レッド）…各適量

使用する型

ビジュー型：ポリカーボネート製。

Finish

下準備をする

01 P67〜を参照し、ホワイトチョコレートで模様をつけ、P55〜を参照し、ミルクチョコレートでチョコレートケースを作る。

02 P36〜を参照し、ガナッシュシャンパーニュを作る。ホワイトチョコレート、マイクリオ、シャンパンを加熱しガナッシュに。

03 ガナッシュシャンパーニュが人肌に冷めたら絞り袋に入れてチョコレートケースの9分目まで絞り入れる。

仕上げる

04 ガナッシュを冷やし固めたら、P58〜を参照し、ホワイトチョコレートで薄くシーリングし型抜きする。

05 同じ形のもの同士を貼り合わせる。パレットをガス台の火で温め、一方の底面にあてて溶かし、もう一方を合わせる。

06 底面同士をくっつけたらもう一度冷蔵庫で冷やし固める。仕上げにパールパウダーを筆先につけ、全体につける。

ショコラ作りの基本材料

01 冷凍フルーツピュレ（ストロベリーピュレ）
チョコレートと乳化させ、なめらかなガナッシュを作るときに使用。色々なフルーツの種類がある。

02 生クリーム
本誌では動物性脂肪分35〜36%を使用。フルーツピュレと同様、チョコレートと乳化させ、なめらかなガナッシュを作るために使用する。

03 スイートチョコレート
本誌ではカカオ分55%を使用。ミルク分が入らずカカオバター、カカオマス、砂糖、香料のみで作られたピュアなもの。

04 ビターチョコレート
本誌ではカカオ分65%を使用。もっともカカオの風味を味わえるチョコレート。ビターすぎない65〜70%がおすすめ。

05 トッピング（ナッツ）
アーモンド、ピスタチオ、カシューナッツなど。チョコレートにはナッツの風味が相性抜群。ローストして使用するとよい。

06 フレーバー（コーヒー）
紅茶、ほうじ茶、抹茶、コーヒーなど粉末のパウダーはガナッシュに風味をつけるのに便利な素材。水で溶いて使用することも。

本誌で登場した、ショコラ作りの基本的な材料を紹介します。
ほとんどのものは製菓材料店やインターネットで購入可能です。

07 ジャム（マーマレード）
ラズベリー、チェリー、柚子など、ボンボン・ショコラのフィリングとして、ガナッシュと合わせて使用する。

08 フレーバーチョコレート（抹茶）
ホワイトチョコレートにフレーバーがついたもの。色や風味を生かして使用する。他にいちごやコーヒーなどもある。

09 ミルクチョコレート
本誌ではカカオ分44％を使用。スイートチョコレートに粉乳などの乳製品が加わり、よりミルキーでマイルドな風味になっている。

10 ホワイトチョコレート
本誌ではカカオ分40％を使用。カカオマスが入らないため色が白い。カカオ風味もあまりなく、練乳のようにミルキー。

11 トッピング（ドライフルーツ）
イチジク、柚子ピール、いちごのフリーズドライ。水気が少なく風味と色合いがよいものがチョコにはおすすめ。

12 トッピング（ドライフルーツ）
あんず、パイナップル。ドライフルーツはよりカカオの風味を引き立て、酸味や食感がフレッシュ感をアップさせる。

チョコレート用油性色素

おもに型に塗ってチョコレートに転写させるときに使用します。

01 キャンディーカラー
チョコレート用に作られた、ジュレ状の色素。ホワイトチョコレートに混ぜ込むときはそのまま使用するが（P27〜参照）、型に塗ってチョコレートに転写させるときはマイクリオを少量、電子レンジで溶かし、そこにキャンディーカラーを入れて溶かして使用する。
加える量は、色味によって濃さが違うので、混ぜて見ながら少しずつ足して作る。
小さめの容器に入って4個セット1200円からある。

02 マイクリオ
カカオバターを粉末にしたもの。使いたい分だけ取り出して使用でき、また粉末のままなら保存も効くので便利。

**03 カカオバター入り
　　チョコレート用色素**
カカオバターに油性色素を混ぜて作られた、プロ向けのチョコレート用色素。常温では固形なので、必要な分だけ削って取り出し、電子レンジで溶かして使用する。色、つやともにきれいに仕上がるが、1本の量が多く、専門店のネット販売で5000円以上と高価。

キラキラ デコレーション素材

製品によってふったりスプレーしたりと使い方が変わります。

04,05,06 パールパウダー
微粒なパウダー状のキラキラ素材。細筆で直接ボンボン・ショコラにつけたり、無水エタノールと混ぜてスプレーにして使うことも。04アメリカ製、05フランス製、06イギリス製、ともに使い方は同じ。ゴールド、シルバー、レッド、パープルなどがある。

07 金箔スプレー
ひとふきすると金が吹きつけられるスプレー。ショコラには軽くかけるのがポイント。吹きすぎ注意。銀箔もある。

08 金箔、銀箔
和食などの食用にも使用される箔。つける大きさを調節できて便利。竹串やピンセットでショコラにそっと貼りつける。

09 銀箔付きグラニュー糖
グラニュー糖に銀箔がついているもの。そのままパラパラふりかけて使えるお手軽素材。チョコが固まる前にかける。

10 細かい金箔
ふりかけられる金箔。色々な形状のものがあり、手で触ると手にくっついてしまうので、器から直接ふりかける。

ショコラ作りにそろえたい道具

本誌で紹介しているレシピに必要な道具と、持っていると便利な道具を紹介します。
特に今回のテンパリングのポイントとなるドライヤーは必須アイテムです。

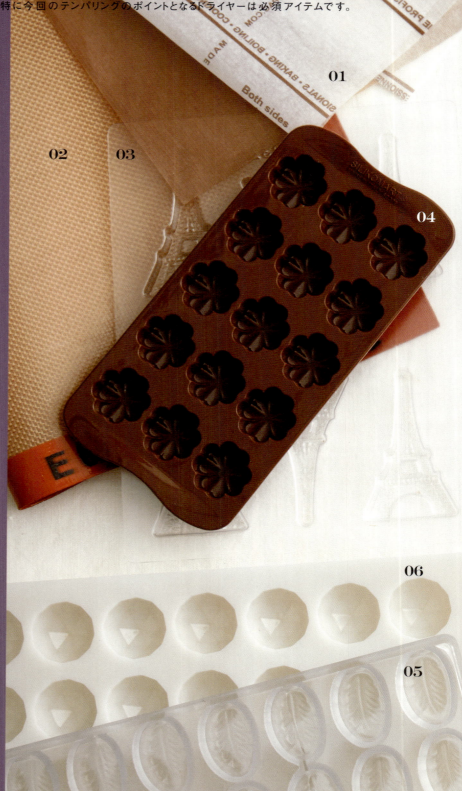

01 オーブンシート、クッキングペーパー
はがれやすいので、コーティングしたボンボン・ショコラを置いて固めるときに使用する。

02 シリコンマット
型抜きをするときは、シリコンマットの上で作業をするとよい。使ったあとはお湯と洗剤で洗い、乾燥させて保管する。

03 ポリエチレン製チョコレート型
透明で薄いプラスチックのような軽い素材でできている。チョコレートを流して固めるだけのものに使用する。

04 シリコン製チョコレート型
チョコレート用のシリコン型。この型も流して固めるだけのチョコレート用。チョコは後ろから押し出すように外す。

05,06 ポリカーボネート製チョコレート型
ガナッシュなどのセンターを詰めて作るチョコレートの型。しっかりとした固さがあり、振動を与えたり、ヘラでこそげたりできる。
透明、白色とも同じように使用できる。

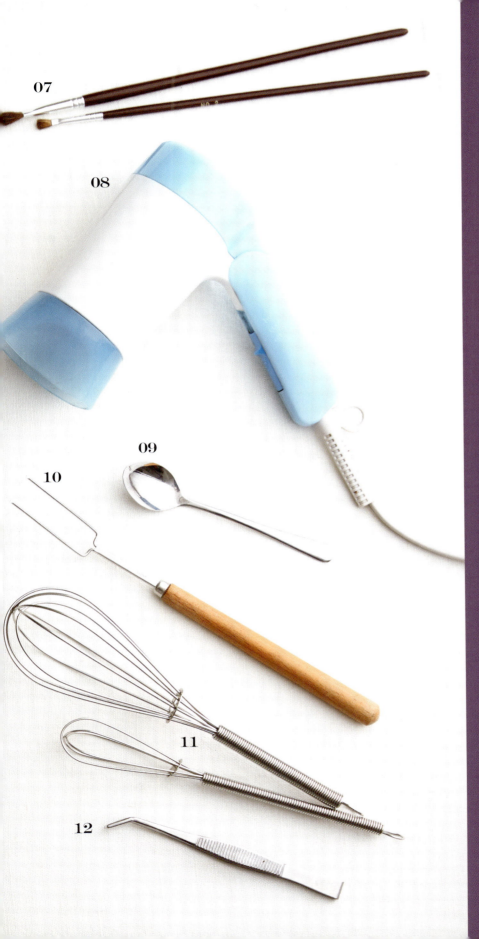

07 細筆
色素を塗ったり、パールパウダーをさっとつけたりするときに使う。普通の絵筆の細いタイプで代用可能。

08 ドライヤー
テンパリングのときや、チョコレートを温め直すとき、微調整するときに使う。冷えた型を温めるときにも便利。

09 ティースプーン
ジャムなどのフィリングを少量ずつ入れたり、色素を加えたりするときに使う。ガナッシュやチョコには使用しない。

10 チョコレートフォーク
ボンボン・ショコラのコーティングをするとき、すくい上げるのに使う。少し折り曲げてすくいやすい角度にするとよい（P45参照）。

11 泡立て器（小・中）
ガナッシュを混ぜて乳化させるときに使う。少量作るときは、量に合わせて小さいサイズを使ったほうがやりやすい。

12 ピンセット
金箔をつけたり、こまかい作業をするときにあると便利。

ショコラ作りにそろえたい道具

13 ボウル
テンパリングの際、電子レンジで加熱するときは、プラスチック製を使用。この本で作る量には、直径20〜22cm程度のものがおすすめ。

14 ガラス製耐熱容器
ガナッシュを作るときに使用。様子を見ながら電子レンジにかけ、泡立て器で混ぜるので、ガラス製のものがおすすめ。

15 計量カップ
絞り袋にガナッシュやチョコレートを入れるとき、スタンド代わりにすると便利。コップなどで代用してもOK。

16 絞り袋
ガナッシュやチョコレートを絞り出すのに使う。ビニール製の使い捨てタイプがおすすめ。必要なときは口金をつけて使用。

17 星口金
ガナッシュを形よく絞るときに使用する。形状やサイズは色々なものがあるので、好みのものを使用する。

18 ハサミ
絞り袋の先をカットするのに使用。

19 温度計
本誌では温度計がなくても見た目の状態でテンパリングをチェックできる方法を紹介しているが、心配な方や目安を知りたい方は温度計も併用するとよい（ただし少量でテンパリングするときは、誤差が出ることもある）。温度計は正確なデジタルや非接触タイプのものがおすすめ。

20 三角ヘラ（スクレーパー）
型抜きするショコラ（P52〜）を作る際、型についたチョコレートをすり切るときに使う。持ちやすいものを選ぶとよい。

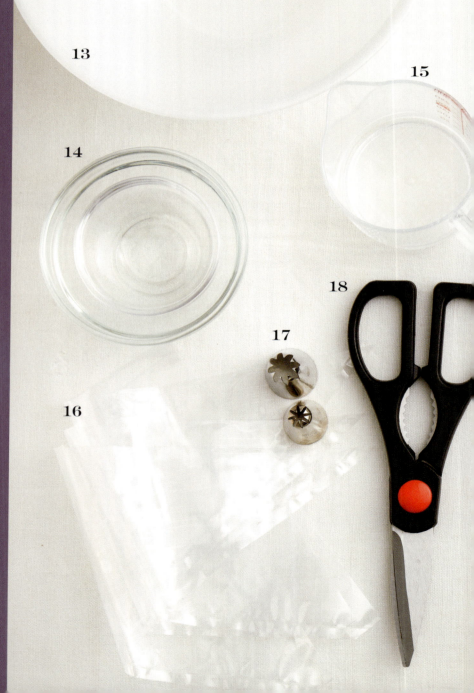

21 パレット（小）
チョコレートをすり切ったり、ガナッシュにチョコレートを塗ったりするときに使用。ショコラ作りには小ぶりのものが便利。

22 ゴムベラ（大・小）
チョコレートを混ぜたり流したりするときに使用。ガナッシュなど少量のものには、小さいサイズのものが使いやすい。

23 竹串
金箔をつけるときや、型に流したチョコレートの気泡をつぶすのに使う。

材料、器具が買える ショップリスト

TOMIZ（富澤商店）
http://tomiz.com/
東京都を中心に全国多数店舗。オンラインショップもある。

フレーバーランド
http://www.flavor-land.com/
合羽橋道具街にあり、金箔などの素材を豊富に取りそろえている。

NUT2deco
http://www.nut2deco.com/
デコレーション素材や器具を多くそろえるネットショップ。

コッタcotta
http://www.cotta.jp/
包材、製菓材料、器具まで幅広く商品を扱うネットショップ。

川崎商店
http://www.kwsk.co.jp/
合羽橋道具街の製菓器具店。色々なチョコレート型が充実。

おかしの森（楽天市場店）
http://www.rakuten.ne.jp/gold/okashinomori/
合羽橋道具街の製菓器具店。ネット購入は楽天市場店が便利。

マトファー（楽天市場店）
http://www.rakuten.ne.jp/gold/matfer-j/
ベルギーのプロ向けチョコレート型を多種取り扱っている。

熊谷裕子（くまがい・ゆうこ）

1973年神奈川県生まれ。青山学院大学仏文学科在学中、パリリッツエスコフィエにてパティシエコース受講。卒業後、葉山「サンルイ島」、横浜「レジオン」、世田谷「ルパティシエ タカギ」などのパティスリー勤務を経て、2002年より神奈川県中央林間にてお菓子教室「クレーヴスィーツキッチン craive sweets kitchen」を主宰。2011年より文京区千石にて「アトリエ ルカド Atelier LEKADO」を開講。少人数制での実習とデモンストレーション形式でレッスンを行うかたわら、お菓子の書籍やムックでも活躍中。近著に「プティ・ガトーのデコレーション・メソッド」（小社刊）、「熊谷裕子の焼き菓子 成功メソッド」（日東書院刊）、「はじめてのスポンジ菓子」「ケーキの美しさは、「土台」で決まります」（ともに旭屋出版）などがある。

アトリエ ルカド　　http://www.lekado.jp/school/school.html
クレーヴスィーツキッチン　http://craive.html.xdomain.jp/

＊撮影協力
TOMIZ（富澤商店）
http://tomiz.com/
東京都を中心に全国多数店舗。本誌で使用したチョコレート、フルーツピュレ、生クリームなど製菓材料全般をそろえている。自社で小分けにして販売しているので、価格も手ごろ。オンラインショップもある。

＊小物協力
UTUWA

＊Staff
デザイン　　　　　　下舘洋子（ボームグラフィック）
撮影　　　　　　　　松永直子
スタイリング　　　　South Point
菓子製作アシスタント　田口竜基
編集アシスタント　　　佐藤達子（株式会社テンカウント）
企画・編集　　　　　成田すず江、藤沢セリカ（株式会社テンカウント）

> 本書の内容に関するお問い合わせは、お手紙かメール（jitsuyou@kawade.co.jp）にて承ります。恐縮ですが、お電話でのお問い合わせはご遠慮くださいますようお願いいたします。

ショコラティエみたいにできる 魔法のボンボン・ショコラレシピ

2017年11月20日　初版印刷
2017年11月30日　初版発行

著　者　　熊谷裕子
発行者　　小野寺優
発行所　　株式会社河出書房新社
　　　　　〒151-0051　東京都渋谷区千駄ヶ谷2-32-2
　　　　　電話　03-3404-8611　（編集）
　　　　　　　　03-3404-1201　（営業）
　　　　　http://www.kawade.co.jp/
印刷・製本　凸版印刷株式会社
Printed in Japan　ISBN978-4-309-28648-8

落丁・乱丁本はお取り替えいたします。
本書のコピー、スキャン、デジタル化等の無断複製は著作権法上での例外を除き禁じられています。本書を代行業者等の第三者に依頼してスキャンやデジタル化することは、いかなる場合も著作権法違反となります。